CATALOGUE

DES

SCULPTURES EN BOIS

DES XV° ET XVI° SIÈCLES

Albâtres — Marbres — Ivoires — Terres cuites

BRONZES D'ART

Vitraux — Miniatures

TABLEAUX — AQUARELLES — GRAVURES

FAIENCES ANCIENNES

Composant la COLLECTION DE M. GRU

ET DONT LA VENTE

Par suite de son décès, aura lieu

HOTEL DROUOT, SALLE N° 5

Le Mercredi 18 Mars 1891

A DEUX HEURES

Me PAUL CHEVALLIER	M. CHARLES MANNHEIM
COMMISSAIRE-PRISEUR	EXPERT
10, rue de la Grange-Batelière, 10	7, rue Saint-Georges, 7

EXPOSITION PUBLIQUE

Le Mardi 17 Mars 1891, de 1 heure à 5 heures 1/2

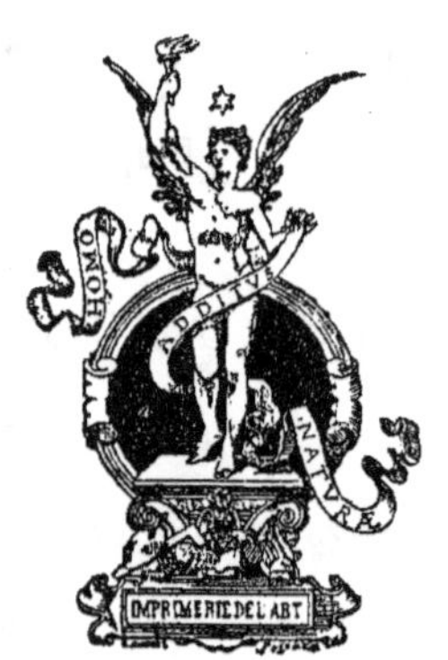
HOMO
ADDITVS
NATVRÆ
IMPRIMERIE DEL ART

CONDITIONS DE LA VENTE

La vente sera faite au comptant.

Les Acquéreurs paieront, en sus des adjudications, *cinq pour cent*, applicables aux frais.

L'Exposition mettant les acquéreurs à même de se rendre compte de l'état et de la nature des objets, il ne sera admis aucune réclamation une fois l'adjudication prononcée.

Paris. — Imprimerie de l'Art, E. Ménard et Cie, 41, rue de la Victoire.

Désignation des Objets

SCULPTURES EN BOIS

1 — Devant de coffre en noyer sculpté, offrant en bas-relief des cavaliers, des femmes jouant du luth, des jeux d'enfants. Renaissance italienne.

2 — Haut-relief sans fond : groupe de trois soldats jouant aux dés. Allemagne, fin du xve siècle.

3 — Haut-relief en chêne sculpté : le Portement de croix; six figures, fin du xve siècle.

4 — Bas-relief : Sacrifice d'Abraham. xviie siècle, cadre noir.

5 — Haut-relief, bois peint : la Vierge, l'Enfant et sainte Anne.

6 — Bas-relief rectangulaire, bois peint et doré : l'Annonciation. Travail français. xviie siècle.

7 — Bas-relief sans fond, sculpté et peint : personnages dans un bocage, allégorie.

8 — Haut-relief peint et doré : le Calvaire; quatorze figures. Italie, xvie siècle.

9 — Haut-relief en chêne sculpté : la Circoncision. Allemagne, xve siècle.

10 — Bas-relief rectangulaire : la Sainte Famille. France, xviie siècle.

11 — Autre : la Mort de la Vierge. Flandres, xve siècle.

12 — Haut-relief sans fond, peint et doré : l'Ensevelissement du Christ ; quatre figures. xvie siècle.

13 — Haut-relief : le Baiser de Judas ; douze figures. Allemagne, fin du xve siècle.

14 — Haut-relief sculpté, peint et doré : l'Ensevelissement du Christ. Flandres, xve siècle.

15 — Deux hauts-reliefs dorés : sujets tirés de la mort de saint Jean. Allemagne, xvie siècle.

16 — Haut-relief sans fond, peint et doré : Jésus devant Pilate ; six figures. Allemagne. xvie siècle.

17 — Haut-relief bois peint : Ecce Homo ; neuf figures. Allemagne, xvie siècle.

18 — Haut-relief : Nicodème et Joseph d'Arimathie portant le corps du Christ. xve siècle.

19 — Bas-relief doré : Saintes Femmes conduites prisonnières dans une tour. Italie, xve siècle.

20 — Haut-relief : le Baiser de Judas ; dix figures. xvie siècle.

21 — Bas-relief, fragment de retable : la Vierge, saint Jean et deux cavaliers. Travail flamand, xve siècle.

22 — Haut-relief sans fond : groupe de quatre figures. xve siècle.

23 — Haut-relief sans fond, chêne sculpté : la Présentation ;
six figures. Allemagne, XVIe siècle.

24 — Bas-relief : Saint Jean sous un arceau gothique. XVe
siècle.

25 — Bas-relief : le Baptême du Christ. France, XVIIIe siècle.

26 — Haut-relief en chêne : le Christ à la colonne ; sept figures. Allemagne, fin du XVe siècle.

27 — Bas-relief peint : groupe de saints personnages devant
un souverain armé d'un glaive. XVe siècle.

28 — Bas-relief sans fond, peint et doré : la Déposition
de la croix. Allemagne, fin du XVe siècle.

29 — Bas-relief : Sainte Femme debout au milieu d'une cha-
pelle. En haut, un blason. XVe siècle.

30 — Haut-relief peint : la Descente de croix. Allemagne,
XVIe siècle.

31 — Bas-relief : la Vierge, l'Enfant, sainte Catherine et
au-dessus, quatre personnages accoudés sur un mur.
Italie, XVe siècle.

32 — Haut-relief, doré : l'Adoration des Bergers.

33 — Haut-relief sans fond, peint et doré : la Vierge, saint
Joseph, l'Enfant Jésus et un ange. Flandres, commencement du XVIe siècle.

34 — Haut-relief sans fond : le Baiser de Judas ; sept figures.
Italie, XVe siècle.

35 — Haut-relief : personnage couché, un évêque et trois
saintes femmes. XVIe siècle.

36 — Haut-relief bois peint : la Descente de croix : sept
figures.

37 — Bas-relief : Jésus portant sa croix ; huit figures. XVIe
siècle.

38 — Bas-relief bois peint : Jésus déposé de la croix ; huit
figures. Italie, XVe siècle.

39 — Haut-relief en chêne, sans fond : le Repas chez Simon ;
six figures, fin du XVe siècle.

40 — Bas-relief sans fond : la Circoncision ; quatre figures.
Allemagne, XVIe siècle.

41 — Haut-relief sans fond : Jésus devant Pilate ; cinq figures.
XVIe siècle.

42 — Haut-relief sans fond : la Vierge, saint Joseph et l'Enfant Jésus tenant une grappe de raisin. XVIe siècle.

43 — Haut-relief en bois sculpté et peint : Adonis conduit
par les amours auprès de Vénus endormie. Composition
imitée de l'Albane.

44 — Statuette de saint Georges, bois peint et doré, sur un
cul-de-lampe flanqué de colonnes reliées par des rin-
ceaux. Allemagne, XVIIe siècle.

45 — Statuette de femme nue montée sur un cheval, bois
doré. Italie, XVIIe siècle.

46 — Triptyque en bois sculpté et doré ; au milieu le Christ
ressuscité, sur chaque volet une figure d'ange. XVe siècle.

47 — Haut-relief, bois peint et doré : le Christ sur le tombeau, et deux soldats armés de piques. Italie, XVe siècle.

48 — Haut-relief en bois doré : Groupe des saintes femmes. xve siècle.

49 — Bas-relief rectangulaire en bois peint : la Nativité et l'Adoration des Mages. xve siècle.

50 — Haut-relief sans fond, peint et rehaussé d'or : Évêque et cinq personnages. xve siècle.

51 — Haut-relief : le Christ mort, la Vierge et saint Jean.

52 — Haut-relief : le Portement de croix; sept figures. Allemagne, xve siècle.

53 — Bas-relief en bois peint : la Crucifixion; neuf figures. Fin du xve siècle.

54 — Statuette de moine debout, en bois sculpté et peint au naturel. Travail espagnol du xviie siècle.

55 — Statuette de saint Antoine, bois peint au naturel, debout sur un socle en forme de vase. xviiie siècle.

56 — Plusieurs bas-reliefs : Divinités boudhiques. Travail indien.

57 — Bas-relief : Prométhée. xviie siècle.

SCULPTURES DIVERSES

58 — ALBATRE. Grand bas-relief rectangulaire avec rehauts d'or, représentant le Calvaire. Composition comprenant un grand nombre de personnages; dans le fond est représenté le Sacrifice d'Abraham. La figure du Christ est une restauration. Travail allemand du xvie siècle. Cadre noir.

59 — Marbre blanc. Léda. Travail flamand du xviie siècle.

60 — Marbre blanc. Bas-relief ovale : Déesse de la fable et plusieurs enfants.

61 — Marbre blanc. Bas-relief rectangulaire : l'Amour captif. Fin du xviiie siècle.

62 — Albatre. Bas-relief : la Flagellation; cinq figures. xive siècle.

63 — Albatre peint et doré. Bas-relief : le Baiser de Judas. xive siècle. Encadrement en bois noir veiné d'or.

64 — Albatre. Bas-relief : l'Adoration des Mages. Allemagne, xvie siècle.

65 — Albatre. Le Jugement de Salomon. xvie siècle. Cadre en bois noir.

66 — Albatre. Bas-relief : Jésus portant sa croix; neuf figures. xve siècle.

67 — Albatre. Bas-relief : la Flagellation. Flandres. xvie siècle. Cadre en bois de style gothique.

68 — Albatre. La Nativité : haut-relief fouillé à jour. Époque Louis XV.

69 — Albatre. Plusieurs petits bas-reliefs italiens.

70 — Marbre tendre. Bas-relief : l'Adoration des Mages. xviie siècle.

71 — Marbre blanc. Bas-relief : l'Envelissement du Christ. Fin du xve siècle.

72 — Marbre blanc. Deux guerriers au tombeau du Christ.

73 — Ivoire. Tablette en bas-relief offrant en deux registres,

sous des arcades gothiques, la Crucifixion et la Mise au tombeau. xive siècle.

74 — Ivoire. Figurine de saint Jérôme. xvie siècle.

75 — Fourchette à manche sculpté en ivoire.

76 — Marbre tendre. Statuette d'un écrivain du xviiie siècle. Socle en bois doré.

77 — Marbre blanc. Léda. Statuette.

78 — Marbre blanc et albatre. Plusieurs statuettes.

79 — Terre cuite. Médaillon-buste : Portrait d'homme surmonté d'un aigle et d'une draperie.

80 — Terre cuite. Statuette de Naïade couchée.

81 — Terre cuite. Bas-relief peint : Jésus et les docteurs.

82 — Terre cuite. Bas-relief : la Fuite en Égypte. xviie siècle.

83 — Marbre blanc. Deux médaillons : Personnage de l'époque Louis XIV ; autre de profil. Époque Louis XV.

84 — Marbre. Buste d'une dame romaine ; la tête en marbre blanc, la chlamyde en brèche antique.

85 — Cire coloriée au naturel : Haut-relief représentant un anachorète et des anges. Médaillon ovale. xviie siècle.

BRONZES

86 à 90 — Collection de divinités égyptiennes : Isis, Osiris, la déesse Seckhet, etc., en bronze, en terre cuite, figurines funéraires en terre émaillée ; provenant des collection Greau, Poshno, Dietrich.

91 à 95 — Dix statuettes de bronze antique, provenant de la collection Greau.

96 — Plaquettes, bas-reliefs, bénitiers, baisers de paix en bronze italien. XVIe siècle.

97 — Statuette de Vestale, d'après Clodion.

98 — Statuette : Persée, d'après B. Cellini.

99 — Statuette équestre : Marc-Aurèle, d'après l'antique ; socle en marbre blanc.

100 — Statuette : Mercure, d'après Jean de Bologne.

101 — Statuette : la Renommée.

102 — Groupe : Hercule lançant Lychas à la mer.

103 — Buste de Voltaire.

104 — Plusieurs bustes d'empereurs romains ; bronze italien du XVIe siècle,

105 — Deux bas-reliefs ovales : Bacchantes à mi-corps, de Clodion. Cadres en bronze doré, à moulures et perles.

106 — Bas-relief rectangulaire : Vénus et l'Amour.

107 — Bas-relief doré : Jésus et les Pèlerins d'Emmaüs. XVIe siècle.

108 — Statuettes, bustes, en bronze de diverses époques.

109 — Plusieurs bas-reliefs.

110 — Lustre flamand, à six lumières.

VITRAUX, OBJETS VARIÉS

111 — Plaque en émail limousin : Pieta, XVIe siècle. Cadre Louis XIII, bois sculpté.

112 à 114 — Six vitraux rectangulaires en couleurs, blasons, avec encadrements à colonnes et sujets à petits personnages : Saintes Femmes, sujets bibliques. XVIe et commencement du XVIIe siècle.

115 — Vitrail en émaux de couleurs, cintré du haut : personnages dans une barque; au fond, la construction d'un monument.

116 — Vitrail peint en grisaille : quatre figures.

117 — Vitrail en couleurs : armoiries suisses, avec encadrement à figures. XVIIe siècle.

118 — Vitrail grisaille : le Mauvais riche. XVIe siècle.

119 — Quatre vitraux ovales et ronds, couleurs et grisaille. XVIe et XVIIe siècles; à personnages.

120 — Plusieurs vitraux anciens.

121 — Deux vitraux modernes : le Pressoir; la Culture de la vigne. Grisaille.

122 à 125 — Miniatures sur ivoire, du XVIIIe et du commencement du XIXe siècle.

126 — Deux boîtes : l'une, en ivoire avec miniature; l'autre, en écaille brune, avec sujet en relief : Voltaire et Rousseau.

FAIENCES

127 — Plat de Rhodes, décoré de fleurs en bleu et rouge, sur fond blanc. Cadre noir.

128 — Plusieurs plats de Rhodes.

129 — Assiettes de Rouen, à la Corne.

130 — Jardinière Rouen, à la Corne.

131 — Plats hispano-mauresques, à reflets métalliques.

132 — Assiette Rouen, décor polychrome, à la Pagode ; bordure à quadrillé vert.

133 — Assiette Rouen : emblèmes de l'Amour.

134 — Plats Delft polychrome.

135 — Deux potiches à pans, sujets Watteau et encadrements en bleu. Delft.

136 — Plaque ovale, décor polychrome : Scène antique. Castelli.

137 — Aiguière en casque, à bouquets. Nove.

138 — Aiguière à grotesques sur fond blanc. Urbino.

139 — Soupière à fleurs peintes et ornements saillants. Sinceny.

140 — Plats, assiettes, vases, en porcelaine et faïence de diverses fabriques.

141 — Biscuit. Buste de Bonaparte, sur piédouche émaillé bleu.

142 — Biscuit. Deux bustes de personnages de la fin du XVIIIe siècle, sur piédouches en bois noir.

143 — Bas-relief en biscuit : une Bataille de Napoléon Ier.

TABLEAUX, DESSINS

144 — **Vallin**. Une Nymphe.

145 — **Juliani (C.)**. La Place Saint-Marc. Venise.

146 — **Hue**. Scène de naufrage.

147 — **Ecole italienne**. Diane et Actéon. Cadre sculpté à laurier.

148 — **Ecole moderne**. Sujet galant.

149 — **Langerock**. Villageoise au repos. Aquarelle.

150 — **Langerock**. Forêt. Aquarelle.

151 — **Navlet**. Fait historique. Aquarelle.

152 — **Aquarelles**, dessins anciens et modernes, sous ce numéro.

153 — **Tableaux** anciens et modernes, études; vingt-cinq pièces, sous ce numéro.

154 — La Folie, gravure d'après Jordaens. Cadre ancien sculpté et doré.

155 — Plusieurs gravures encadrées, pièces en couleurs, d'après Huet, Baudoin; vignettes et portraits en noir, etc.